Mein Kind soll in die Krippe - aber wie?

Alles zur Suche und dem Platz in der richtigen Krippe

Tipps zum leichten Eingewöhnen in die Krippe,

Vor- und Nachteile der Außer-Haus-Erziehung,

Tagesmutter vs. Krippe,

Kostenübernahme bei Krippenplätzen,

Rechtliche Hinweise,

aktuelle Urteile

Andrea Runge

Bibliografische Information der Deutschen Nationalbibliothek Die
Deutsche Nationalbibliothek verzeichnet diese Publikation in der
Deutschen Nationalbibliografie; detaillierte bibliografische Daten sind im
Internet über http://dnb.d-nb.de abrufbar.

1. Auflage © 2013 Rat&Tat Verlag

Autor: Runge, Andrea
Grafik: Ronny Stürmer
Buchblock u. Korrektur: Texteragentur-Gifhorn
Herstellung und Verlag: BoD - Books on Demand, Norderstedt
ISBN 9783732256679

Vorwort

Das Modell Familie hat sich in den letzten Jahren rasant verändert. Das liegt nicht nur daran, dass sich die Stellung der Frau innerhalb von Familie und Gesellschaft eine andere geworden ist.

War es für unsere Eltern normal, dass die Frau Kinder und Haushalt versorgte, während der Mann arbeitet, so sieht das heute ganz anders aus.

In einer modernen Familie teilen sich heute Vater und Mutter den Haushalt, die Kindererziehung und beide gehen einer Arbeit nach.

Doch auch Gesetzesänderungen sorgen für diesen schnellen Wandel. Denn seit das Elterngeld eingeführt wurde, steht für viele Eltern gegen Ende des ersten Lebensjahres des Kindes die Frage, wie es weiter geht.

Manche Familien sind in der Lage, das fehlende Gehalt der Mutter für weitere zwei Jahre aufzufangen. Doch in rund 80 Prozent der Fälle sieht es so aus, dass die Mutter wieder arbeiten will oder muss.

Nun stellt sich die Frage, wo bringen wir unser Kind sicher und liebevoll betreut unter während der Arbeitszeit.

Die Antwort darauf sind Kindertagesstätten, kurz Kitas. In fast jedem Ort sind Kindergärten vorhanden. Aber leider gibt es kaum Krippenplätze.

Wurden vor 15 Jahren jede Menge Krippen geschlossen wegen zu geringer Kinderzahlen. Jetzt werden die vorhandenen Kitas regelrecht überlaufen.

Damit Sie sich in Ruhe orientieren können und gut mit Ihrem Kind in den Krippen-Alltag starten können, haben wir dieses Buch geschrieben.

Sie finden hier Antworten auf die verschiedensten Fragen, wie:

- Wie finde ich die richtige Einrichtung?
- Welche Kosten kommen auf mich zu?
- Wie sieht der Tagesablauf aus?
- Medikamentengabe in der Kita – was ist zu beachten?
- Welche Grundausstattung braucht mein Kind?
- Aktuelle Urteile

Diese Fragen und mehr beantwortet dieses Buch ausführlich. Wir wünschen Ihnen viel Erfolg und Spaß beim Lesen.

Andrea Runge   August 2013

Was ist eine Kinderkrippe?

Die Kinderkrippe war bereits in der DDR eine feste Einrichtung für die Eltern und deren Kinder. Nach der Wiedervereinigung der beiden deutschen Staaten war kaum noch ein Bedarf an Krippenplätzen vorhanden durch die rückläufigen Geburten.

Allmählich wurden diese Kindereinrichtungen fast vergessen. Mit der Einführung des Elterngeldes und der Abschaffung des Erziehungsgeldes entstand aber die Notwendigkeit der Kinderbetreuung außer Haus ab dem ersten vollendeten Lebensjahr.

Tagesmütter waren schnell überlaufen und nun wurden die Kommunen auf den anwachsenden Bedarf aufmerksam. Schnell bauten die Gemeinden die vorhandenen Kindergärten aus und es entstanden wieder die ersten Kinderkrippen.

Trotz einer gewaltigen Ausbauphase in den letzten 1 bis 2 Jahren bleiben die vorhandenen Plätze in den Kinderkrippen, besonders in den Ballungsgebieten, weit hinter dem tatsächlichen Bedarf zurück.

Dort haben nur 35 Prozent der Kinder unter drei Jahren einen Krippenplatz. Der Bedarf liegt aber bei mindestens 87 Prozent.

Die Deckung des Bedarfs in den westlichen Bundesländern sieht nicht rosig aus. Hier werden bisher durchschnittlich nur 15 Prozent des Bedarfs gedeckt.

Besser sieht die Bedarfsdeckung in den ostdeutschen Bundesländern aus. Hier liegt die Betreuung durch Einrichtungen der unter Dreijährigen bei durchschnittlich 35 bis 45 Prozent.

Angekündigt ist eine Krippenplatzdeckung von 99 Prozent. Diese Deckung ist mehr als fraglich, denn dem gegenüber steht ein riesiger Fachkräftemangel an Erzieherinnen.

Wie Sie einen guten Krippenplatz bekommen und damit Sie gut vorbereitet in die Krippenzeit Ihres Kindes starten können, haben wir für Sie die nächsten Abschnitte vorbereitet.

Viele Eltern haben Angst, Ihr Kind grade in den ersten Jahren in eine Betreuung zu geben. Doch schauen wir uns mal an, wo die Vor- und Nachteile einer Krippenerziehung bestehen.

Andere Länder wie Dänemark, Schweden oder die USA führten dieses Modell der Außer-Haus-Erziehung schon vor etlichen Jahren ein und es liegen inzwischen zuverlässige Studien zu der Krippenbetreuung vor.

Demnach sind Kinder, die ab dem ersten Lebensjahr Kitas besuchen, **später weitaus selbständiger, durchsetzungsfähiger und verfügen über sehr gute soziale Kompetenzen**.

Defizite, die auf einem unterschiedlichen sozialen Umfeld beruhen, werden durch die Erziehung in Kitas **ausgeglichen**. So lernen Kinder aus sozial schwachen Familien wesentlich besser, wenn sie eine Kita besucht haben.

Kinder mit Migrationshintergrund erlernen wesentlich schneller und besser die deutsche Sprache, haben sie eine Kita sehr zeitig besucht. Sie können sich besser integrieren und lernen entsprechende soziale Normen und Regeln, um später eine angemessene Ausbildung zu finden.

Allgemein kann also gesagt werden, dass die Unterbringung eines Kindes in der Krippe durchaus seine Vorteile hat, besonders für das spätere Leben.

Schauen wir uns einige der unmittelbaren Vorteile an.

➤ Ihr Kind lernt schneller soziale Regeln durch den Umgang mit anderen Kindern.

➤ Seine sprachliche Entwicklung setzt schneller ein.

➤ Der Wortschatz ist häufig umfangreicher als bei Kindern, die zu Hause betreut werden.

➤ Durch die Gemeinschaft mit anderen Kindern wird das Spiel der Kinder vielfältiger und ist nicht einseitig.

➤ Das Kind bekommt mehr Anregungen und hat weitaus mehr Spiel-und Bewegungsangebote in der Krippe, als bei Ihnen oder einer Tagesmutter.

➢ Das Angebot an Fördermöglichkeiten ist vielfältiger als bei einer Tagesmutter.

➢ Es gibt professionell geschultes Personal. In einer Krippe werden nur ausgebildete Erzieherinnen eingestellt. Dadurch können auch eventuelle Rückstände in der Entwicklung früher erkannt und behandelt werden.

➢ Die Betreuung funktioniert zuverlässig und unabhängig davon, ob eine einzelne Erzieherin ausfällt oder erkrankt.

➢ Ihr Kind lernt besser und begreift seine Umwelt schneller.

➢ Kinder in der Krippe werden schneller sauber und benötigen meistens zum Ende des dritten Lebensjahres keine Windel mehr.

➢ Die Mehrheit der Krippenkinder ist früher selbständig in den täglichen Gewohnheiten wie beim Essen mit der Gabel, beim Trinken aus dem Becher oder der Tasse.

➢ Die Grobmotorik ist besser entwickelt.

➤ Sie erhalten halbjährlich ein Feedback der Erzieherin und können so erfahren, ob und wie sich Ihr Kind entwickelt.

➤ Soll das Kind später in den Kindergarten, hat es schon seine Eingewöhnungsphase hinter sich und kann problemlos in den Kindergarten überwechseln.

Die Nachteile sind im Vergleich gering.

➤ Sie verpassen vielleicht für Sie wichtige Entwicklungsschritte Ihres Kindes.

➤ Außerdem liegt die Erziehung Ihres Kindes nicht mehr allein in Ihrer Hand. Es sind Dritte daran beteiligt, was nicht unbedingt zum Nachteil Ihres Kindes sein muss.

➤ Es ist durchaus möglich, dass sich ein zurückhaltendes, stilles Kind in der größeren Gruppe einer Krippe nicht wohl fühlt. Mitunter kann das sogar zu Stress-Symptomen führen.

➤ Bei manchen Kindern muss in der Krippe auch mit längeren Eingewöhnungsphasen gerechnet werden.

Habe ich einen Rechtsanspruch auf einen Krippenplatz?

Nein, den haben Sie noch nicht. Ich schränke diese Aussage deshalb so ein, da ab dem 1. August 2013 das neue Gesetz über den Rechtsanspruch für Kinder unter drei Jahre kommen wird.

Demnach haben Sie und Ihr Kind zwischen einem und bis zu 3 Jahren zwar einen Rechtsanspruch auf Frühförderung in einer Kita.

Jedoch ist dieser Anspruch von einigen Voraussetzungen abhängig. Diese Regelungen finden Sie im Kinderförderungsgesetz (KiföG).

Dieses kommende Recht auf einen Krippenplatz hat nun aber einen regelrechten Run auf die nicht vorhandenen Plätze zur Folge.

Es wird zwar derzeit von den mehr als 30.000 Kita-Plätzen in den Medien geredet, die über dem angeblichen Bedarf liegen, doch das betrifft hauptsächlich die Kindergartenplätze und auch Plätze, die noch gar nicht vorhanden sind. Wo also die Betriebserlaubnis entweder fehlt oder die Räumlichkeiten noch gar nicht fertig gestellt sind.

Ebenso fehlen in den Städten die Einrichtungen, die aber dafür auf dem Land großzügig geplant wurden. Das bedeutet, auf dem Land sind Plätze vorhanden, in den Städten aber nicht.

Weiter fehlen mehr als 15.000 Erzieherinnen. Rechnet man das mit der durchschnittlichen Betreuungsanzahl von 7 Kindern pro Erzieherin, dann bedeutet das konkret, dass mehr als 105.000 Kindern keine fachgerechte Betreuung haben werden.

Bei der Abschaffung des Erziehungsgeldes (3 Jahre zahlbar) und der Einführung des Elterngeldes (1 Jahr zahlbar) hatten die Politiker nämlich diese Aspekte erst einmal außer Acht gelassen.

Jetzt scheint dieser Mangel an Voraussicht und Planung die Regierung und Kommunen einzuholen. Und es würde mich nicht verwundern, wenn die eine oder andere Partei bei den Bundestagswahlen die Verwirklichung dieses Rechts auf einen Krippenplatz in ihr Wahlprogramm aufnimmt.

Ja, es gibt in manchen Gemeinden enorme Wartezeiten.

Eine Sachbearbeiterin sagte genervt zu einer enttäuschten Mutter: „Am besten hätten Sie Ihr Kind zwei Jahre vor der Planung des Babys bei mir vorsorglich angemeldet, dann hätten Sie jetzt einen Platz."

Das ist an sich eine traurige Aussage, auch wenn sie den Kern trifft. Denn die durchschnittliche Wartezeit auf einen Krippenplatz beträgt **mindestens ein Jahr**. Und selbst dann werden die wenigen Krippenplätze **nach Dringlichkeit** vergeben.

Das heißt, Sie müssen Ihr Kind bei der Geburt in der Krippe anmelden und können sich dann nicht sicher sein, ob Sie den begehrten Platz bekommen. Denn Sie müssen **berufstätig** sein und **niemanden** haben, der eventuell die Betreuung des Kindes übernehmen könnte.

Sind Sie also in einer Beziehung und der Vater ist arbeitslos, dann fallen Sie aus der Auswahl raus. Das mag hart erscheinen, aber angesichts der wenigen Krippenplätze ist das einfach logisch, dass die Kitas **Auswahlkriterien** dieser Art geschaffen haben.

Nun könnten Sie sich sagen: „Dann gebe ich eben mein Kind zu einer Tagesmutter. So groß kann ja der Unterschied nicht sein."

Doch - der Unterschied ist so groß. Zum einen sind die **Kosten für Tagesmütter stark gestiegen**. Auch hier regelt Angebot und Nachfrage den Preis.

Die Tagesmutter ist die **einzige Erzieherin**. Das wirft so einige Probleme auf. Denn wird sie krank, dann müssen Sie Ihr Kind abholen und für die Dauer der Krankheit der Tagesmutter frei nehmen.

Anders in einer Krippengruppe, da gibt es mindestens **zwei Erzieherin** und bei Krankheit springen die Vertretungskräfte ein. Die Betreuung Ihres Kindes ist also **dauerhaft** gewährleistet.

Eine Tagesmutter betreut in der Regel **maximal 4 Kinder**. In einer Krippengruppe finden Sie nicht selten **10 bis 15 Kinder**.

Die Entscheidung kann Ihnen niemand abnehmen. Doch Sie sollten sich genau informieren, über die Tagesmutter wie auch über die Krippe.

Natürlich kostet die Betreuung Ihres Kindes auch etwas. Krippenkosten variieren von Gemeinde zu Gemeinde. Aber angesichts der Preise von privaten Krippen oder Tagesmüttern bleiben die Krippenkosten in einem vernünftigen Rahmen.

Zunächst richtet sich der Preis nach der **Gemeinde**, dem **Träger der Krippe**, **Ihrem Einkommen und den von Ihnen benötigten Betreuungsstunden**.

Durchschnittlich bezahlen Sie für einen Krippenplatz zwischen **400 bis 280 Euro** (bei 8 Stunden Betreuungszeit).

Dazu kommt noch **Mittagessengeld pro Tag 3,50 Euro und einem Frühstücksgeld von etwa 5 bis 15 Euro pro Monat**.

Es gibt natürlich auch Zuschüsse. So können Geringverdiener **Leistungen zur Teilhabe** beantragen bei der ArGe. Das fängt die Kosten für das Mittagessen auf jeden Fall auf. Und etwa zwei Drittel der Betreuungskosten werden ebenfalls über diese Leistung übernommen.

Die Frage der Sicherheit des Kindes interessiert natürlich alle Eltern. Kurz und bündig kann man diese Frage aber nicht beantworten. Denn jeder legt auf einen anderen Aspekt Wert, was die Sicherheit von Kindern angeht.

Erzieher/innen: Bei der Anstellung legen die Träger Wert auf eine hochwertige Ausbildung und das erweiterte polizeiliche Führungszeugnis. Ohne dieses Zeugnis wird niemand angestellt in Kindereinrichtungen.

Ausstattung: Bei der Ausstattung schaut der Träger wie die Erzieherinnen auf bestimmte Prüfsiegel und Unbedenklichkeitsstufen, die besonders für die Kitas entwickelt wurden. Das gilt auch für das Spielzeug. Kaputte Spielsachen werden sofort entsorgt oder zum Hausmeister gebracht.

Außengelände/Gebäude: Auch hier werden die Sicherheitsvorgaben durch das jeweilige Ministerium strikt eingehalten. Eine Abweichung von diesen Vorgaben bedeutet nicht nur eine Gefahr für Mitarbeiter und Kinder, sondern auch sehr strenge Strafen.

Überlegen Sie sich zunächst, was Ihnen an einer Krippenbetreuung wichtig ist.

Sind es kleine Gruppen?

Oder soll die Entfernung nicht so weit sein?

Ist Ihnen vielleicht das Erziehungskonzept wichtig?

Brauchen Sie besondere Öffnungszeiten?

Dann gehen Sie zu **Ihrer Gemeinde oder Ihrem Bürgerbüro** und lassen sich eine **Liste** der in Frage kommenden Krippen geben. Wahrscheinlich wird sie sehr kurz sein.

Nun vergleichen Sie Ihre Schwerpunkte mit den jeweiligen Krippen. Jede Kita hat inzwischen eine Internetseite, wo Sie die wichtigsten Stichpunkte zu der Einrichtung finden werden.

Dann rufen Sie in den ausgewählten Krippen an. Dort wird man Ihnen mitteilen, ob Sie auf die Warteliste kommen und wie lange es dauern wird, bis Ihr Kind einen Krippenplatz erhält.

Welche Rolle spielt das Kita-Konzept und was ist das eigentlich?

Das Konzept einer Kita bestimmt die Grundsätze und Richtlinien der pädagogischen Erziehung innerhalb dieser Einrichtung. In dem Konzept werden pädagogische Schwerpunkte, wie beispielsweise Ziele, Zusammenarbeit mit Eltern/Erwachsenen, Qualitätssicherung und Öffentlichkeitsarbeit schriftlich und somit verbindlich festgehalten.

Das Kita-Konzept wird vom Träger einer Einrichtung vorgegeben und ist von den Fachkräften, Praktikanten und FSJler einzuhalten.

Bekannte Konzepte sind unter anderem folgende:

Waldorf-Konzept

Fröbel-Konzept

Montessori-Konzept

Situationsansatzkonzept (häufig)

Reggio-Konzept

Konzept des Waldkindergartens

Konzept der interkulturellen Erziehung

Konzept der mehrsprachigen Erziehung

Konzept mit Schwerpunkt musikalische Erziehung

Konzept mit Schwerpunkt Bewegung

Konzept mit dem Schwerpunkt der Sprachentwicklung

Konzept der Hochbegabtenförderung

Konzept der integrativen Förderung

Das ist nur ein kleiner Ausschnitt aus der Vielzahl der Konzepte. Weitere Informationen erhalten Sie über den Inhalt der Konzepte im Internet unter:

http://www.kita.de/wissen/in-der-kita/paedagogische-konzepte

Überlegen Sie sich, welches Konzept zu Ihnen, Ihrem Erziehungsstil und vor allem zu ihrem Kind passt. Immerhin ist die Kita und die Krippe die erste Bildungsstätte für Ihr Kind.

Wie groß sind Krippengruppen?

Dank der großen Nachfrage und den wenigen Krippengruppenräumen beläuft sich die durchschnittliche Gruppengröße **auf 10 bis 20 Kinder**.

Betreut werden diese Gruppengrößen von mindestens 2 bis 3 Erzieherinnen. Häufig kommen noch Praktikantinnen oder junge Menschen im FSJ dazu.

Ausfälle wie beispielsweise durch Krankheit oder Urlaub wird durch den Einsatz von Vertretungskräfte gewährleistet.

Häufig wird die Frage laut, ob bei solch großen Gruppen eine individuelle Betreuung noch möglich ist.

Sie ist noch möglich. Vielleicht nicht in dem Umfang, wie es sich die Erzieherinnen wünschen, doch die Fachkräfte sind geschult darin, die Kinder zu beobachten und zu fördern, auch bei großen Gruppen.

Unterhalten Sie sich in beim Kinderarzt oder in der Krabbelgruppe mit anderen Eltern und schnell werden Sie merken, eine gute Kinderkrippe wird nicht an der Ausstattung fest gemacht, sondern an den Erzieherinnen und ihrem Verhalten zu den Kindern.

Das wichtigste für so kleine Kinder bleibt die Liebe und Zuneigung, die ihnen entgegen gebracht werden.

Wenn Sie also eine Kinderkrippe das erste Mal besuchen, dann lassen Sie sich die Gruppenräume zeigen und beobachten Sie die Erzieherinnen.

An den nachfolgenden kleinen Hinweisen können Sie feststellen, ob Ihr Kind gut in dieser Einrichtung aufgehoben ist.

> ➢ Spielen die Erzieherinnen mit den Kindern?

> ➢ Werden weinende Kinder hoch genommen und getröstet?

> ➢ Ist der Umgang der Erzieherinnen mit den Kindern liebevoll und besorgt?

- Oder stehen sie nur herum und unterhalten sich und die Kinder sind sich selbst überlassen? (Das wird kaum der Fall sein, ist aber schon vorgekommen in privaten Krippen.)

- Wie ist das Verhalten der Kinder in der Gruppe?

- Laufen die Kinder fröhlich herum?

- Kommen die Kinder zur Erzieherin, wenn sie verunsichert sind oder ein Problem haben?

Die Öffnungszeiten sind sehr unterschiedlich gestaltet. Das hängt von den örtlichen Gegebenheiten ab, wie die Eltern die Öffnungszeiten hauptsächlich benötigen und bei welchem Träger die Einrichtung ist.

Es gibt eine **Kernöffnungszeit** der Krippen. **Das ist die Öffnungszeit, die garantiert ist**. In größeren Ortschaften liegt sie von 7 Uhr bis 17 Uhr.

Kleinere Ortschaften haben mitunter Kernöffnungszeiten von 8 Uhr bis 13 Uhr.

Bei einem anderen Bedarf, wenn Sie also beispielsweise von 6.30 Uhr bis 19 Uhr arbeiten, dann wird zwar Ihr Krippenbeitrag erhöht, aber dafür werden die Öffnungszeiten angepasst.

Eine wichtige Voraussetzung ist aber, dass es im näheren Umkreis (rund 10 km) keine andere Kinderkrippe mit solchen Öffnungszeiten als Kernzeiten gibt.

Die Kinderkrippen nehmen im Allgemeinen Kinder ab einem **Alter von 1 Jahr bis 3 Jahr** auf.

Aber auch hier gibt es Unterschiede und Sie können durchaus probieren, individuelle Absprachen zu treffen.

So ist es möglich, dass minderjährige Mütter ihr Kind bereits ab der 8. Woche in eine Kita bringen können, wenn die Krippenleitung das befürwortet. Es kommt dabei auf die Räumlichkeiten, die Gruppengröße und die vorhandenen Erzieherinnen an.

In ländlichen Gebieten bieten einige Einrichtungen erst eine Betreuung ab dem zweiten Lebensjahr an.

Da aber der Bedarf ab dem 1. Lebensjahr stark zunimmt, ist zu erwarten, dass die meisten Krippen in Zukunft ab dem 1. Lebensjahr die Kinder aufnehmen werden.

Zunächst werden Sie sicher in der Kita anrufen, um nachzufragen, ob es einen Krippenplatz für Ihr Kind gibt oder wie lang die Warteliste ist.

Sollte ein Platz in naher Zukunft frei sein oder Sie möchten sich auf die Warteliste setzen lassen, werden Sie in die Kinderkrippe eingeladen.

Zu dem Termin nehmen Sie ruhig Ihr Kind mit und vor allem das **gelbe Untersuchungsheft**. Manche Krippenleiterinnen sehen in dem Heft nach, ob es eventuell etwas zu beachten gibt, was die Gesundheit des Kindes betrifft.

Bei dem Gespräch wird die Leiterin anwesend sein und wenn es personell möglich ist, auch die Erzieherin der Gruppe, wo Ihr Kind hinein kommen wird.

Die Leiterin nimmt **allgemeine Daten** auf. Das sind:

- die Namen der Eltern und des Kindes,
- die Adresse,
- Berufe der Eltern,
- die voraussichtlichen Arbeitszeiten,
- den durchschnittlichen Verdienst (um den Krippenbeitrag zu errechnen)
- welcher Religion sind Sie zugehörig

25

- eventuelle Krankheiten oder Allergien des Kindes
- charakterliche Eigenheiten des Kindes (ist es fröhlich und aufgeschlossen - zum Beispiel. Es geht hier nicht darum, ob sich Ihr Kind zu Hause wohl fühlt, sondern daraus lässt sich meistens ableiten, wie lange und in welcher Form die Eingewöhnung ablaufen soll. Oder ob Ihr Kind in eine größere oder kleinere Gruppe kommt.)
- Was muss vielleicht noch beachtet werden, wenn Ihr Kind die Einrichtung besucht.

Dann erhalten Sie einige **Informationsblätter und Vereinbarungen**, die Sie sich in Ruhe zu Hause durchlesen können.

Meistens zeigt Ihnen dann noch die Leiterin die Einrichtung. Sie können auch Fragen stellen, wenn Sie der Meinung sind, dass Sie noch etwas wissen möchten.

Sie brauchen auch nicht zu befürchten, dass Sie die Leiterin mit Fragen löchern. Sie sind die Eltern und wollen nur wissen, dass es Ihrem Kind in der Kita gut geht und das weiß die Leiterin ganz genau. Nun heißt es, auf die Zusage der Krippe zu warten.

Die Zusage für den Krippenplatz ist da – und nun?

Endlich ist die Zusage für den Krippenplatz da und nun geht es an die Planung. Die nächsten Fragen entstehen:

Wann sollte das Kind das erste Mal zum Schnuppern in die Gruppe kommen?

Was brauchen Sie für die Krippe und wie lange wird die Eingewöhnung sein?

Die Fragen beantworten wir Ihnen in den nachfolgenden Abschnitten.

Zunächst geht es erst einmal darum, dass Sie die letzten Formalitäten abschließen, wie:

> den **Krippenvertrag unterschreiben** und zurückschicken,

> **angeforderte Unterlagen** in Kopie an die Krippe abzuschicken

> und ganz wichtig, eine**n Termin mit der Gruppenerzieherin** Ihres Kindes zu vereinbaren. Bitte halten Sie den Termin ein. Die Zeit einer Erzieherin ist begrenzt und sie nimmt sich extra für Sie die Zeit, um alle Fragen zu beantworten.

Im Termin mit der Gruppenerzieherin geht erst einmal um das Kennenlernen von Erzieherin und Eltern.

In nächster Zukunft wird diese Erzieherin ein wichtiger Verbündeter bei der Erziehung und Förderung Ihres Kindes sein. Sie wird für Ihr Kind sorgen, damit Sie in Ruhe arbeiten können.

Um Ihrem Kind die optimalen Startbedingungen zu geben, wird Ihnen die Fachkraft folgende Fragen stellen:

> Welchen **Charakter** hat Ihr Kind? Ist es eher offen und geht auf andere zu oder braucht es eine Weile, um sich an neue Situationen zu gewöhnen?
> Welches **Spielzeug** bevorzugt das Kind?
> Braucht es ein **Kuscheltier** oder ähnliches zum Einschlafen?
> Zeigt das Kind **allergische Reaktionen** auf bestimme Lebensmittel?
> Darf es **aus religiösen Gründen** bestimmte Dinge nicht essen oder tun?
> Welche **Rituale** gibt es zu Hause?
> Gibt es Dinge, die dem Kind **Angst** machen?

➢ Haben Sie irgendwelche **Vorschläge oder wichtige Informationen**, die dem Kind das Eingewöhnen erleichtern?

Schreiben Sie sich ruhig zu Hause vor dem Gespräch **Stichpunkte** zu diesen Fragen auf. Meistens vergisst man die Hälfte, zu erzählen, wenn man erst einmal in der Gesprächsrunde sitzt. Da hilft so ein kleiner Zettel ungemein.

Nach dem Gespräch wird Ihnen die Erzieherin die Gruppenräume, den Garten und das spielmaterial zeigen. Aber auch das Fach Ihres Kindes und das Symbol, was von nun an am Fach des Kindes und im Waschraum zu finden ist, stellt sie Ihnen vor.

Merken Sie sich das **Symbol** gut, es erleichtert nicht nur den Erzieherinnen die Arbeit, sondern hilft Ihrem Kind selbständiger zu werden und gibt ihm eine weitere Sicherheit in einer erst einmal fremden Umgebung.

Zum Abschluss erhalten Sie noch einmal eine **Liste** mit Dingen, die Sie für Ihr Kind in der Krippe benötigen.

Die Eingewöhnungszeit ist die Zeit, die ein Kind benötigt, um sich an die neue Situation zu gewöhnen.

Wie lange diese Zeit dauert, ist sehr unterschiedlich und von Kind zu Kind verschieden.

Meistens reichen **eine bis drei Wochen**, damit sich das Kind an den Krippenalltag gewöhnt und sich problemlos von seinen Bezugspersonen löst.

Doch es gab schon Kinder, die haben sich beim besten Willen nicht von der Mutter lösen können und die Krippenleitung musste die Aufnahme des Kindes um einige Monate verschieben.

Denn im Mittelpunkt aller Bemühungen steht immer das Wohl des Kindes. Und wenn das Kind zu große Ängste hat, muss eben die Eingewöhnung verschoben werden.

Auch das sollten Sie mit einplanen. Es kann problemlos laufen und Ihr Kind fühlt sich schon nach wenigen Tagen in der Kita wohl. Aber es kann auch schlecht laufen und Sie müssen noch einige Monate den Start in die Krippe verschieben.

Kann ich mein Kind auf die Eingewöhnung vorbereiten?

Ja, das können Sie tatsächlich. Wir haben Ihnen einige Tipps zusammengestellt, die Ihnen helfen, damit sich Ihr Kind leichter an die Krippe gewöhnt.

> Bitten Sie **Familienangehörige oder Freunde für ein oder zwei Stunden auf Ihr Kind aufzupassen.** So merkt das Kind, dass es in Ordnung ist, wenn es mal bei einem anderen Erwachsenen ist. Gleichzeitig lernt es, Vertrauen zu haben, dass Sie wieder kommen.

> Zu Anfang können Sie das **Fremd-Babysitting in Ihrer Wohnung** tun. Später sollten Sie versuchen, dass das Babysitting in der **Wohnung oder dem Haus der jeweiligen Betreuungsperson** erfolgt. Damit gewöhnen Sie Ihr Kind an eine fremde Umgebung und nehmen ihm die Angst davor.

> Bereiten Sie Ihr Kind auf die Krippe vor, indem Sie eine **Kindertasche oder Rucksack allein für die Krippe** kaufen. Hier handelt es sich um das gleiche

Prinzip der Vorfreude wie beim Schulanfang und den Schulranzen.

> Besuchen Sie **so früh wie möglich Krabbelgruppen** in Ihrer Gemeinde oder Stadt. Dadurch hat das Kind sehr zeitig schon Kontakt mit mehreren anderen Kindern. Die Situation in der Krippe überfordert Ihr Kind also nicht, wenn es plötzlich vielen anderen Kindern gegenübersteht.

> Bei Spaziergängen sollten Sie den **Weg zur Krippe** wählen. Das nimmt die Angst vor einem unbekannten Weg an den ersten Tagen zur Krippe.

> Zeigen Sie Ihrem Kind **die Einrichtung schon von außen**. Sehen Sie sich mit Ihrem Kind die fröhliche Dekoration in den Fenstern an und vielleicht können Sie den Spielplatz ansehen. Auch das trägt zum Vertrauen und zur Vorfreude auf die Krippe bei.

> Sorgen Sie dafür, dass Ihr Kind ein bestimmtes **Lieblingskuscheltier** hat. Ein guter Freund in einer fremden Umgebung kann vieles erleichtern.

Auf was muss ich in der Eingewöhnungszeit achten?

Zwei Dinge gleich zu Anfang:

Planen Sie nicht zu schnell Ihren Wiedereinstieg in den Beruf.

Stattdessen planen Sie besser jede Menge Zeit ein für Eingewöhnung Ihres Kindes ein. Denn bei der Eingewöhnungsphase handelt es sich auch um eine stressreiche Zeit für Ihr Kind.

Immerhin muss es nun lernen, seine wichtigste Bezugsperson, nämlich Sie, los zu lassen. Gleichzeitig hält eine neue Bezugsperson Einzug in sein Leben und es muss in einer Schar fremder Kinder klar kommen.

Der zweite Punkt fällt Eltern schwerer: Lassen Sie Ihr Kind los.

Das hört sich simpel an, ist aber für viele Eltern sehr schwer. Bisher war es so, dass Sie die einzigen Bezugspersonen für Ihr Kind waren.

Nun kommen neue Kontakte hinzu und Ihr Kind wird sich von etwas von Ihnen lösen. Das heißt, es findet neue Spielgefährten und seine Welt wird größer.

Es erreicht also eine neue Selbständigkeit. Lassen Sie das zu, denn es ist wichtig für die gesunde Entwicklung Ihres Kindes.

Beispiel:

Mutter A. bringt ihre Tochter in die Einrichtung zur Eingewöhnung. Wochenlang dauert die Eingewöhnung. Warum?

Mutter A. kümmert sich wie zu Hause um ihr Töchterchen. Sie lässt es gar nicht zu, dass sich die Erzieherin mit ihrer Tochter beschäftigen kann.

Nach einiger Zeit wird die Mutter gebeten, den Raum zu verlassen. Das geht 5 Minuten gut, dann erscheint die Mutter wieder in der Tür und ruft ihre Tochter. Die fängt natürlich gleich wieder an zu weinen.

Ein Ende hatte diese anstrengende Eingewöhnung für alle Beteiligte, als der Vater gebeten wurde, die Eingewöhnung zu übernehmen.

Das war nur ein Beispiel, wie die gut gemeinte Fürsorge einer Mutter die Eingewöhnungszeit ungewöhnlich verlängert, da die Mutter nicht in der Lage war, ihre Tochter los zu lassen.

Leider kommt das häufig vor.

Wir haben Ihnen einige Tipps zusammengestellt, auf was Sie in der Eingewöhnung achten sollten:

➢ Nehmen Sie sich viel Zeit für das Kind. Es benötigt in dieser Zeit oft mehr Körperkontakt und Zuwendung als sonst.

Das ist völlig normal und richtig. Ihr Kind will spüren, dass es Ihnen wichtig ist und dass Sie es auch vermisst haben.

➢ Knüpfen Sie Kontakte zu anderen Kindern der Gruppe bzw. deren Eltern außerhalb der Betreuungszeit. Das hilft dem Kind bei der Eingewöhnungsphase.

➢ Geben Sie dem Kind ein vertrautes Spielzeug von zu Hause mit.

Viele Kinder haben bereits im ersten Lebensjahr ein bestimmtes Spielzeug, das sie bevorzugen oder ein Lieblingskuscheltier.

Das gibt dem Kind zusätzlichen Halt in einer fremden Umgebung und sorgt für eine leichtere Eingewöhnung.

➢ Wählen Sie mit der Erzieherin Speisen oder Getränke für die Brotzeit in der

Krippe aus, die dem Kind besonders gut schmecken.

Dafür ist das Elterngespräch wichtig, deshalb versäumen Sie es nicht. Es soll ja schließlich alles getan werden, damit sich Ihr Kind wohl fühlt.

➤ Seien Sie in den ersten Tagen in der Krippe anwesend und verbringen Sie die ersten Eingewöhnungsstunden mit Ihrem Kind zusammen.

Manche Einrichtungen sehen das nicht so gern, aber es ist ein schonender Übergang für ihr Kind.

Sie müssen aber dabei sich bewusst zurück nehmen. Das heißt, seinen Sie zwar präsent, aber überlassen Sie die Führung der Erzieherin. Am besten halten Sie sich im Hintergrund.

Wenn Sie merken, dass Ihr Kind sich wohl fühlt, nicht mehr so oft zu Ihnen kommt, gehen Sie auch mal für einige Minute vor die Tür.

➤ Reden Sie mit dem Kind über die neue Situation, damit es die vielen neuen

Eindrücke und Erlebnisse verarbeiten kann. Unterschätzen Sie nicht Ihr Kind. Es versteht sehr viel mehr, als Sie mitunter annehmen.

Dieses Teilen des neuen Alltags Ihres Kindes gibt Ihnen beiden eine neue Verbundenheit und schafft vielleicht so ein neues wie wichtiges Ritual für die Zukunft.

Fazit: **Bringen Sie viel Zeit, Verständnis und Liebe in der Eingewöhnung für Ihr Kind auf.** Setzen Sie sich beide nicht unter Druck, sondern sehen Sie es als einen neuen Lebensabschnitt Ihres Kindes, den Sie gemeinsam angehen.

Binden Sie Ihre Familie ruhig mit ein, denn grade jetzt kann Ihr Kind anstrengend sein und etwas Hilfe bringt Ihnen die notwendige Ruhe, um mit Ihrem Kind gelassen umzugehen.

Wahrscheinlich nehmen Sie an, die Eingewöhnung sieht überall gleich aus. Das ist nicht ganz korrekt.

Tatsächlich gibt es mehrere Modelle für die Eingewöhnung, wobei aber nur das Berliner Modell für Sie von Interesse sein dürfte. Denn diese Form der Eingewöhnung wird von etwa 90 Prozent der Kindereinrichtungen angewandt.

Das Berliner Modell hat sich im Laufe der Zeit als das erfolgreichste Eingewöhnungsmodell für Kitas erwiesen.

Im Allgemeinen dauert bei diesem Modell die Eingewöhnung durchschnittlich **zwischen 7 bis 21 Tage.**

Dabei wird das Kind stufenweise an den Kita-Alltag und die neue Umgebung gewöhnt, wobei die Eltern ständig miteinbezogen werden.

Dieser Vertrauensaufbau zwischen Elternhaus und Kita gestaltet sich für das Kind sehr schonend und wird deshalb von den Einrichtungen bevorzugt.

Wir erklären Ihnen nun, wie die Stufen nach dem Berliner Eingewöhnungsmodell ablaufen. So können Sie sich einen groben Überblick verschaffen, was Sie und Ihr Kind erwarten wird.

1. **Das Anmeldegespräch**
2. **Das Aufnahmegespräch**
3. **Die Grundphase**
4. **Die Trennungsphase**

Bis hierhin verlaufen alle Modelle der Eingewöhnung fast gleich. Nur das Berliner Modell unterscheidet in der 5. Stufe zwischen einer kürzeren oder längeren Eingewöhnung. Dabei ist das Verhalten des Kindes bei der Trennung von den Eltern entscheidend.

5. **Kürzere oder längere Eingewöhnung**
6. **Stabilisierungsphase ab dem 4. Tag**
7. **Schlussphase**

Punkt 1 und 2 haben wir bereits in den vorangegangen Kapiteln besprochen. Wir gehen aber zum besseren Verständnis noch einmal im nachfolgenden Kapitel auf sämtliche Stufen der Eingewöhnung ein.

Das Anmeldegespräch ist der erste konkrete Kontakt zwischen Ihnen und der Kindereinrichtung. Dabei melden Sie Ihr Kind für einen Platz in der Kita an und lernen so die Einrichtung kennen.

Gleichzeitig kann sich in dem Gespräch die Leiterin ein Bild von Ihrem Kind machen und überlegen in welche Gruppe das Kind hinein passen könnte.

In dem Gespräch geht es um die Erfassung Ihrer persönlichen Daten und der Ihres Kindes sowie um Besonderheiten, die zu beachten sind.

Die Leiterin wird bei Ihnen erfragen, welchen Betreuungsbedarf Sie haben, also die Zeiten, in denen Ihr Kind betreut werden muss.

Sie wird Ihnen auch die üblichen Informationsblätter mitgeben und einige Dokumente mitgeben, die Sie zu Hause ausfüllen müssen.

Sehr oft führt die Leiterin Sie im Anschluss an das Gespräch durch die Einrichtung, damit Sie sich einen Eindruck von der zukünftigen Unterbringung Ihres Kindes verschaffen können.

Dieses zweite Gespräch ist sehr wichtig und die eigentliche Vorbereitung für die Eingewöhnung Ihres Kindes. Die Gruppenerzieherin bereitet sich sehr ausführlich darauf vor und Sie sollten das auch tun.

Diesmal dreht sich alles darum, Ihrem Kind eine möglichst problemlose Aufnahme und Eingewöhnung vorzubereiten.

Damit Sie nicht von den Fragen der Erzieherin überrascht werden und gut vorbereitet sind, haben wir Ihnen einen Fragenkatalog vorbereitet.

Schreiben Sie sich Notizen zu den Fragen im Vorfeld auf. Das hilft ungemein bei dem Gespräch mit der Erzieherin.

Sammeln Sie auch Antworten in Ihrem Familien- und Bekanntenkreis. Häufig sehen andere Personen Ihr Kind ganz anders oder können Ihnen wichtige Hinweise geben.

Falls Sie Fragen haben, notieren Sie diese auch. Bei einem Gespräch kann es passieren, dass der Verlauf in eine ganz andere Richtung geht und Sie Ihre Fragen vergessen.

Dann ist es gut, einen kleinen Spickzettel zu haben. Hier ist er erlaubt.

Diese Fragen werden Ihnen mit Sicherheit gestellt:

Welchen Charakter hat Ihr Kind?

Wie war seine bisherige Entwicklung?

Fremdelt es sehr stark oder geht es offen auf fremde Menschen zu?

Wie verhält es sich in einer Gruppe von Kindern?

Mit was spielt Ihr Kind sehr gern?

Wovor hat es Angst?

Wie sind die Schlafgewohnheiten Ihres Kindes?

Auf was legen Sie Wert bei der Erziehung Ihres Kindes?

Hat es ein Lieblingskuscheltier oder eine Decke?

Braucht es einen Nuckel?

Trinkt und isst es schon allein, oder benötigt es Unterstützung?

Was mag Ihr Kind beim Essen und was nicht?

Was bereitet Ihrem Kind besonders viel Freude?

Waren Sie bereits in einer Krabbelgruppe?

Hat es schon Freundschaften geschlossen?

Besucht einer der Freunde bereits die Kita?

Soll es mit einem Freund in eine Gruppe kommen?

Hat Ihr Kind Allergien?

Müssen gesundheitliche oder religiöse Besonderheiten beachtet werden?

Bei einer integrativen Unterbringung Ihres Kindes können diese Fragen an Sie gestellt werden:

Gibt es eine ständige und vom Arzt angewiesene Medikamentenverordnung?

Ist eine spezielle Therapie notwendig, die auch in der Krippe angeboten werden kann?

Hat Ihr Kind Hilfsmittel wie eine Brille, Stützbandagen oder ähnliches?

Müssen Notfallmedikamente verabreicht werden wie ein Asthmaspray oder ähnliches?

Zusammenfassend kommen diese Fragen also auf Sie zu:

1. Allgemeine Fragen
2. Fragen zur Entwicklung
3. Fragen zur Ernährung
4. Fragen zu den Schlafgewohnheiten
5. Fragen zur Hygiene
6. Fragen zum Spielverhalten
7. Fragen zur Gesundheit

Als Grundphase bezeichnen Pädagogen die ersten drei Tage des Kindes in der Kita.

Dabei begleiten Sie Ihr Kind in die Kita und bleiben bei ihm. Sie werden zusammen etwa eine Stunde im Gruppenraum sein.

Die Erzieherin beobachtet während dieser Zeit Ihr Kind und nimmt vorsichtig, meistens über Spielangebote, Kontakt zu Ihrem Kind auf.

Ihre Aufgabe als Eltern ist es, dem Kind die notwendige Sicherheit zu geben. Drängen Sie es nicht, sondern lassen Sie zu, dass es die Umgebung erkundet und sich allmählich mit der Erzieherin vertraut macht.

Ich weiß, dass die meisten Eltern versuchen, alles besonders gut und richtig zu machen. Sie bringen sich dann so sehr ein, dass die Erzieherin keine Chance hat, mit dem Kind Kontakt aufzunehmen.

Überlassen Sie der Erzieherin alles. Sie bezieht Sie schon mit ein, wenn sie Ihre Hilfe braucht. Ihre wichtigste Aufgabe ist es, in einer fremden Umgebung für Ihr Kind im Hintergrund da zu sein.

Diese Phase beginnt mit dem 4. Tag und dauert zwei Tage (also Tag 4 und 5). Auch hier agieren Sie nur im Hintergrund und überlassen der Erzieherin immer mehr das Feld.

Die Erzieherin wird weiter den Kontakt zu Ihrem Kind aufbauen durch kleine Hilfen beim Mittagessen beispielsweise. Über das Spielen baut die Erzieherin das Vertrauen zu Ihrem Kind weiter auf.

Versuchsweise werden Sie sich von Ihrem Kind für eine halbe Stunde verabschieden und den Gruppenraum verlassen.

Bleiben Sie auch in dieser Phase in der Nähe Ihres Kindes, um notfalls einzugreifen oder zu helfen. Die Erzieherin holt Sie dann in den Gruppenraum und wird Ihnen sagen, was Sie tun können.

Wie Ihr Kind dann in der Trennung reagiert, entscheidet über den weiteren Verlauf der Eingewöhnung.

Wie sich das Kind in der Trennungsphase verhält, ist dann entscheidend für die Eingewöhnungsphase. Denn das Berliner Modell unterscheidet zwischen einer **kürzeren Eingewöhnung (6 Tage)** und einer **längeren Eingewöhnung (2 bis 3 Wochen)**.

Für eine kürzere Eingewöhnung entscheidet sich die Erzieherin, wenn Ihr Kind:

> ➢ sich selbständig verhält,
> ➢ wenig Kontakt zu Ihnen sucht
> ➢ und von der Trennung wenig irritiert ist.

Eine längere Eingewöhnung ist dann nötig, wenn Ihr Kind:

> ➢ ständig den Kontakt zu Ihnen sucht,
> ➢ kaum auf Spielangebote eingeht,
> ➢ bei der Trennung versucht, Ihnen zu folgen
> ➢ und sich kaum von der Erzieherin trösten lässt.

In der Eingewöhnungsphase wird der Aufenthalt in der Einrichtung allmählich verlängert und die Zeiträume der Trennung vergrößert. Bei einer längeren Eingewöhnung erfolgt ein weiterer Trennungsversuch erst später, sobald das Kind sich stabilisiert hat.

Die Stabilisierungsphase beginnt oft mit dem 4. Tag und damit ist die Stabilisierung des Vertrauensverhältnisses zwischen der Erzieherin und Ihrem Kind gemeint.

Diese Phase ist begleitend in der Trennungs- und Eingewöhnungsphase zu sehen.

In der Stabilisierungsphase übernimmt immer mehr die Erzieherin die Betreuung Ihres Kindes und es werden je nach Möglichkeit die Trennungsversuche zwischen Ihnen und Ihrem Kind verlängert.

Trotzdem sollten Sie in der Nähe bleiben, aber ziehen Sie sich zunehmend zurück. Genau dieser Punkt fällt vielen Eltern sehr schwer. Mitunter haben sie das Gefühl, sie würden weggeschoben werden und die Erzieherin ist nun der Mittelpunkt für das Kind.

So ist es aber nicht. Auch wenn Ihr Kind gern die Einrichtung besucht, es hat Sie lieb und vermisst Sie auch.

Schlussphase

Hat Ihr Kind ein erstes emotionales Band zur Erzieherin geknüpft, dann befinden Sie und Ihr Kind sich in der Schlussphase.

Diese emotionale Bindung kann wie folgt aussehen:

> Ihr Kind protestiert zwar, wenn Sie gehen, aber es lässt sich relativ schnell von der Erzieherin trösten.

> Es spielt mit den anderen Kindern und nimmt die Trennung von Ihnen hin.

> Wenn es Hilfe braucht, geht es zur Erzieherin.

Während der Schlussphase halten Sie sich nicht mehr in der Krippe auf, aber Sie sind jeder Zeit erreichbar, falls Ihr Kind Sie benötigt und eventuell ein Rückgang zur Stabilisierungsphase notwendig sein sollte.

Die Schlussphase ist beendet, sobald sich Ihr Kind von der Erzieherin trösten lässt und gern in die Kita geht.

Wir haben dieses Kapitel erst nach langer Überlegung eingefügt. Doch in meiner langjährigen Praxis begegneten mir diese nachfolgenden Fehler immer wieder und vor allem sehr oft. Damit machen Sie sich und Ihrem Kind die Eingewöhnung nur unnötig schwer.

Es mag schwer sein, das eigene Verhalten zu reflektieren und vielleicht sagen Sie nach dem Lesen dieses Kapitels voller Überzeugung:

„Also **mir** passiert das nicht!"

Glauben Sie mir, auch Ihnen können diese Fehler unterlaufen, denn es geht dabei um Ihre Gefühle. Das ist völlig normal. Warum also dieses Kapitel?

Ich habe im Laufe der Jahre die Erfahrung gemacht, dass Eltern, die bereits etwas zu dem Thema gelesen oder gehört haben, dann viel eher bemerken, wenn sie in den Fehlertrott verfallen und das selbst korrigieren können.

Bedenken Sie bitte beim Lesen, dass es nicht um Sie und ihre Qualität als Eltern geht, sondern in erster Linie um das Wohlergehen Ihres Kindes und einen positiven Start in die Kita.

Die Überschrift ist nicht böse gemeint, doch viele Eltern möchten gerne genau das sein, nämlich „Super-Eltern".

Mit der Zeit verliert sich das oder nimmt ab, aber in den ersten Tagen schwanken diese Eltern oft zwischen übermäßiger Strenge bzw. riesiger Nachsicht gegenüber dem Kind.

Das verunsichert das Kind noch viel stärker als die ohnehin schon neue Situation, wenn es merkt, dass die Eltern plötzlich anders reagieren. Dieses neue Verhalten der Eltern verstärkt also noch die Angst des Kindes, denn es versteht nicht, weshalb die Eltern plötzlich so reagieren.

Warum sich Eltern so verhalten, das hat verschiedene Ursachen.

Zum einen möchten die Eltern das Eingewöhnen nach Schema F abwickeln. Also so problemlos wie möglich. Das ist natürlich lobenswert, aber die „Super-Eltern" schießen hier übers Ziel hinaus und vergessen dabei, dass ihr Kind eine kleine individuelle Persönlichkeit ist.

Darauf stellt sich die Erzieherin ein und akzeptiert, dass jedes Kind anders ist und anders reagiert. Doch mit neuen Verhaltensmustern verwirren diese Eltern ihr Kind nur zusätzlich.

Andere Eltern denken, durch die Erzieherin wird ihre bisherige Erziehungsarbeit als Eltern auf den Prüfungsstand gestellt.

Auch das ist falsch. Niemand bewertet die Erziehung der Eltern.

In die Kinderkrippe kommt ein kleiner Mensch und der hat auch schon seine Eigenarten. Die können anerzogen oder angeboren sein.

Letztlich ist es egal, denn die Erzieherin muss sein Vertrauen gewinnen und damit diese Eigenarten akzeptieren.

Für Ihr Kind werden Sie immer die Super-Eltern sein, dazu müssen Sie nicht extra Ihren Erziehungsstil ändern.

„Ich kann dich nicht loslassen!"

Viele Eltern haben zu Anfang große Schwierigkeiten ihr Kind los zu lassen. Es ist auch sehr schwer, nun die Verantwortung für das geliebte Kind in andere Hände zu legen.

Während der Eingewöhnung beobachten Erzieherinnen oft, dass die Eltern beim ersten Weinen ihres Kindes sofort es hochnehmen, trösten und dann das Kind nicht wieder loslassen.

Damit wird aber die Eingewöhnungssituation erst einmal schwieriger. Denn hier müsste die Erzieherin die Ansprechpartnerin und Trösterin des Kindes sein.

Doch in dem Moment, wo sich automatisch die Eltern einschalten, wird die Eingewöhnung abgebrochen.

Der Auslöser für dieses Verhalten der Eltern ist der normale Beschützerinstinkt und das schlechte Gewissen, was auch sehr verständlich ist.

Dem Kind sagt aber das Verhalten der Eltern noch etwas anderes. Nämlich, dass, wenn es laut genug schreit oder weint, die Eltern zurückkommen.

Ist das erst einmal bei dem Kind verinnerlicht, und das geht sehr schnell, dann wird die Eingewöhnung sehr schwer.

Normalerweise spricht die Erzieherin alles mit Ihnen ab. Auch wie Sie sich verhalten sollen, wenn Ihr Kind weint. Denn kann die Erzieherin das Kind nicht beruhigen, wird sie zu Ihnen kommen und Ihre Unterstützung suchen.

Überlassen Sie es also der Erzieherin, wann Sie eingreifen sollten. Keiner hört gern ein Kind weinen, aber die Trennungsphase gehört nun einmal dazu und ganz ohne Tränen wird die Phase nicht ablaufen.

„Die nimmt mir die Liebe meines Kindes weg."

oder:

„Mein Kind mag die Erzieherin mehr als mich."

Diese kleinen Gedanken tauchen mit Sicherheit auch mal bei Eltern auf. Die meisten Eltern lachen dann einfach darüber und damit es erledigt. Solche Eltern sind sich der Liebe ihrer Kinder einfach sicher.

Doch es gibt auch Eltern, die dann ernsthaft eifersüchtig auf die Erzieherin werden. Das kann so weit gehen, dass ungerechtfertigte Anschuldigungen der Eltern bei der Leiterin oder dem Träger der Einrichtung eingehen.

Bevor also so eine Situation eskaliert, machen Sie sich bewusst, die Liebe Ihres Kindes will keiner Ihnen wegnehmen, auch nicht die Erzieherin.

Aber wenn Ihr Kind seine Erzieherin so gern hat, dann seien Sie doch froh darüber. Das heißt ja nur, dass Ihr Kind in guten Händen ist und die Erzieherin eine prima Erziehungsarbeit leistet.

Die böse Erzieherin? Warum Konsequenz und Liebe Hand in Hand gehen.

Nicht nur Eltern müssen manchmal streng sein, auch eine Erzieherin. Kinder finden das gemein, was verständlich ist. Trotzdem brauchen Kinder Grenzen, damit sie soziale Regeln erlernen und Konflikte angemessen beenden können.

Eine Erziehung ohne Konsequenz und Ermahnung funktioniert nun mal nicht. Bei einer Gruppe von 7 bis 15 Kindern oder mehr, ist das Setzen von Grenzen und das Aufstellen von Regeln einfach eine Notwendigkeit.

Ich habe in meiner Praxis Kinder erlebt, die bei solchen Ermahnungen sofort zu ihren Eltern rannten und dann sehr fantasievoll das eigentliche Geschehen ausschmückten.

Manche Eltern reagierten mit Nachfragen und Schmunzeln. Andere Eltern rannten voller Wut zur Leiterin und beschwerten sich dort.

Bitte bedenken Sie folgendes, ehe Sie sich von Ihrem Zorn leiten lassen. Auch Sie stellen zu Hause gewisse Regeln auf und ermahnen sicher Ihr Kind.

So funktioniert das auch in der Kinderkrippe. Keine Erzieherin ist böse, sondern versucht, eine soziale Ordnung aufrecht zu erhalten innerhalb der Gruppe.

Falls Sie etwas hören, womit Sie nicht einverstanden sind, suchen Sie zuerst das **Gespräch mit der Erzieherin** und klären, was tatsächlich passiert ist.

Sollte Ihnen diese Klärung nicht ausreichen, erst dann suchen Sie die Leiterin auf und fordern ein gemeinsames Gespräch mit der betreffenden Erzieherin.

Wut und Zorn sind schlechte Ratgeber, auch wenn Ihre Reaktion verständlich ist.

Das Personal in Kinderkrippen ist pädagogisch geschult und weiß, wie es auch mit schwierigen Situationen umgehen muss.

Wenn also Ihr Kind ermahnt wurde, dann hatte dies sicher einen Grund.

Manche Eltern brauchen die Bestätigung, dass ihr Kind sie vermissen wird. Diese simple Aufforderung: „Und – wirst du mich vermissen?" macht es für Ihr Kind schwer, sich von Ihnen zu trennen.

Gleichzeitig **überfordern** Sie ihr Kind mit dieser Frage. Denn angenommen, es geht gern in die Kinderkrippe, dann bekommt es durch diese Frage ein **schlechtes Gewissen**. Wie soll es nun damit umgehen?

Oder es kommt bei dem Kind die Trauer hoch, dass es sich jetzt von Ihnen trennen muss.

Meistens enden dann solche Verabschiedungen in einem Meer von Tränen, die nicht sein müssten.

Ihr Kind wird Sie garantiert vermissen, das ist auch richtig und ganz normal so. Doch gönnen Sie ihm einen liebevollen sowie kurzen Abschied und freuen sich mit dem Kind, wenn es einen tollen Tag hat.

„Mein Kind tut das nicht!"

Diesen Spruch höre ich sehr oft und ich weiß selbst, dass Eltern ihr Kind nie objektiv sehen können. Einfach weil wir unsere Kinder lieben.

Trotzdem werden Sie im Laufe der Zeit mit den kleinen Unarten Ihres Kindes konfrontiert werden. Kratzen, Beißen und Schlagen sind nur einige dieser Ungezogenheiten.

Jedes Kind greift irgendwann einmal zu diesen Mitteln, um eine Streitigkeit in seinem Sinne zu entscheiden.

Auch wenn es schwer fällt, nehmen Sie es hin, dass Ihr Kind auch solche Methoden zur Konfliktlösung wählt. Das ist altersgerecht und wird von der Erzieherin schon in die richtigen Bahnen gelenkt.

Erst wenn ein Kind zu oft mittels Körperkraft versucht, seinen Willen durchzusetzen, dann wird die Erzieherin mit Ihnen gemeinsam einen Weg aus der Situation suchen.

Seien wir doch ehrlich, das würden wir nur zu gern mit unseren Kindern machen und sie damit vor allen Gefahren schützen. Trotzdem sagt uns die Vernunft, dass wir es zulassen müssen, dass sich Kinder ausprobieren. Das gehört einfach zu einer gesunden Entwicklung dazu.

Trotzdem gibt es Eltern, die ängstlich besorgt ihrem Nachwuchs hinterher rennen bei der Eingewöhnung und aufpassen, dass sich das Kind nicht weh tut.

Das stört natürlich die Eingewöhnung und manche Eltern reagieren mit massiven Unverständnis, wenn eine Erzieherin es zulässt, dass Kinder auf Stühle klettern oder sich aus Matten einen kleinen Sprungberg bauen.

Je jünger das Kind ist, umso größer natürlich die Besorgnis der Eltern. Dadurch aber, dass Eltern überbesorgt ihr Kind schützen wollen, hemmen sie es in seiner Entwicklung und vor allem in der Eingewöhnung.

Vertrauen Sie einfach darauf, dass die Erzieherin bei wirklich gefährlichen Sachen eingreifen wird. Lassen Sie einfach Ihr Kind laufen und seine Umgebung erkunden. Besonders in der Eingewöhnung ist dieser Freiraum wichtig.

Stellen Sie sich folgendes vor: Sie sind den ersten Tag der Eingewöhnung im Gruppenraum und beobachten, wie sich zwei Kinder zanken. Wie werden Sie sich verhalten?

Die meisten Eltern werden einfach abwarten, was die Erzieherin tut.

Wer aber selbst mehrere Kinder hat oder aus einer größeren Familie kommt, mischt sich meistens ein.

Das ist zwar gut gemeint, Sie stellen aber damit die Erzieherin als Autoritätsperson und Ansprechpartnerin der Kinder in Frage.

Darum halten Sie sich am besten aus Streitigkeiten der Kinder raus. Auch wenn es Ihr eigenes Kind betrifft, überlassen Sie es der Erzieherin, den Streit zu schlichten.

Generell ist nicht dagegen zu sagen, wenn Sie gern mit anderen Kindern spielen. Aber bitte nicht während der Eingewöhnung.

Denn Ihr Kind wird davon nicht begeistert sein. Es soll mit einer fremden Frau spielen (Erzieherin) und Sie spielen einfach mit anderen Kindern?

Das wird Ihr Nachwuchs nicht verstehen können und wollen. Also sind Schwierigkeiten und Tränen vorprogrammiert.

Die Eingewöhnung ist ein wichtiger Schritt für Ihr Kind. Auch wenn Sie im Hintergrund bleiben, geben Sie Ihrem Kind die Sicherheit, im Notfall für ihn dazu zu sein. Die Sicherheit hat das Kind nicht mehr, wenn Sie sich plötzlich anderen Kindern zuwenden und mit diesen spielen.

Ist Ihr Nachwuchs in der Gruppe integriert, dann können Sie auch unbesorgt mit den anderen Kindern spielen.

Jedes Kind wird selbständig und das ist doch sehr schön. Doch einige Eltern wehren sich mit Händen und Füßen gegen die neue Selbständigkeit ihrer Kinder.

Zu dieser neuen Stufe der Selbständigkeit gehören nicht nur allein essen, der Abschied von Windeln und Nuckel, sondern auch, dass sich die Kinder auf ihre Spielkameraden freuen. Und so gehen sie scheinbar ungerührt und voller Vorfreude in den Gruppenraum.

Mitunter erscheint einigen Eltern dieses Verhalten ihres Kindes unverständlich und es trifft sie sehr. Vielfach wird das Kind dann zurück gerufen oder man lockt es mit noch einem Traubenzucker in die Arme der Eltern.

Der Grund ist ganz einfach: hier wird die Angst der Eltern riesengroß, dass ihr Kind sie gar nicht mehr braucht. Natürlich braucht das Kind die Eltern, aber es gehört eben auch zu der neuen Selbständigkeit, dass es sich auf seinen neuen Alltag mit anderen Kindern freut.

Es mag schwer sein, aber lassen Sie Ihr Kind in die Gruppe gehen und rufen Sie es nicht zurück, dann freut es sich umso mehr, wenn es abgeholt wird.

Spezielles Essen – ist das ein Problem für die Einrichtung?

Nein, das ist inzwischen kein Problem mehr.

Auf Grund der **verschiedenen kulturellen Zusammensetzungen** der Kindergruppen und/oder der möglichen **gesundheitlichen Besonderheiten** haben sich die Krippen bereits vor einiger Zeit darauf eingestellt, entsprechendes Essen für die Kinder bereit zu stellen.

Ein Großteil der Kinderkrippen erhält nämlich das Mittagessen fertig gekocht von einer Großküche in der Umgebung. Die Einrichtung meldet dazu dieser Küche täglich die benötigten Portionen.

Das Essen wird in dieser Großküche unter Berücksichtigung der neusten Erkenntnisse in der Ernährung frisch und vor allem gesund wie auch kindgerecht zubereitet.

Das Frühstück wird entweder von den Eltern selbst gestellt oder in der Einrichtung vorbereitet. Auch dabei wird auf eventuelle Eigenheiten geachtet.

Trotzdem sollten sich Ihre Anforderungen an das spezielle Essen in einem gewissen Rahmen bewegen.

Wir haben Ihnen eine kleine **Orientierungsliste** vorbereitet, auf was normalerweise Großküchen Rücksicht nehmen:

> **Vegetarisches Essen**

> **Essen bei kulturellen Besonderheiten (Moslem, jüdisch, hinduistisch, usw.)**

> **Laktose - Allergie**

> **Unverträglichkeiten von Zucker**

> **Obst- und Gemüse-Allergien**

> **Essen für Diabetiker**

> **Nuss-Allergien**

Das ist nur ein kleiner Ausschnitt, worauf die Küche Rücksicht nimmt. Bei anderen gesundheitlichen Problemen fragen Sie doch einfach in der Krippe nach.

Sollten die Einrichtung Ihre Ansprüche nicht umsetzen können, steht es Ihnen natürlich frei, das Essen für Ihr Kind zu Hause vorzukochen und in einem geeigneten Behälter mitzugeben. Jede Einrichtung verfügt über eine Mikrowelle, um das Essen schonend zu erwärmen.

Die Grundausstattung für das Krippenkind – das sollten Sie unbedingt besorgen

Erschrecken Sie nicht, wenn Sie den Begriff „Grundausstattung" lesen. Sie müssen jetzt nicht alles neu besorgen. Vieles werden Sie zu Hause bereits haben.

Sehen Sie sich doch einfach unsere Liste an, in den meisten Kinderkrippen werden genau diese Sachen benötigt:

- ➢ Windeln
- ➢ Feuchtigkeitstücher
- ➢ Wundschutzcreme
- ➢ Hausschuhe oder Antirutschsocken
- ➢ Gummistiefel
- ➢ Regenhose, Regenjacke
- ➢ Eventuell Lätzchen
- ➢ Wechselsachen wie mindestens zwei T-Shirts, zwei Bodys, zwei Hosen, zwei Paar Socken oder Strumpfhosen

Diese Dinge können Sie gern aufstocken, aber bitte bedenken Sie, dass das Fach Ihres Kindes in der Einrichtung nur eine bestimmte Anzahl an Sachen aufnehmen kann. Wenn etwas fehlt, sagt Ihnen die Erzieherin Bescheid oder gibt Ihnen einen Zettel mit.

Ja, natürlich dürfen diese Dinge mit in die Kinderkrippe. Solche gewohnten Sachen erleichtern grade in der Anfangsphase die Eingewöhnung und geben dem Kind ein Stück Sicherheit.

Trotzdem sollten Sie abwägen, was das Kind mitnimmt. Es geht nicht, dass die halbe Kinderzimmereinrichtung in die Krippe mitkommt.

Jedoch Kleinigkeiten, wie den heißgeliebten Teddy oder einen Nuckel zum Einschlafen oder die Kuscheldecke sind durchaus erlaubt und sogar erwünscht.

Hier ein kleines Beispiel, wie ein Gegenstand die ganze Situation verändern kann:

Paul (1 Jahr) war seit mehreren Wochen in der Eingewöhnungsphase und hatte massive Schwierigkeiten sich von seinen Eltern zu lösen. Dabei war aber offensichtlich, dass er eigentlich gern in der Krippe war. Er vermisste nur seine Eltern.

Ich bat die Eltern ein Kuscheltier mitzugeben. Das klappte dann schon ganz gut. Trotzdem kam es immer wieder im Laufe des Vormittags zu Phasen, wo Paul heftig nach seinen Eltern weinte. Das Kuscheltier allein half also nicht. Ich bat nun die Mutter um ein Tuch oder Schal, das sie getragen, aber nicht gewaschen hatte. Wo also das Parfüm der Mutter zu riechen war.

Die Wirkung war erstaunlich. Paul weinte schlagartig nicht mehr. Er schleppte zwar das Tuch und das Kuscheltier mit sich herum, aber es schien ihn zu trösten, dass er etwas bei sich hatte, was nach seiner Mama roch.

Manchmal sind also die Lösungen relativ einfach.

Der Alltag in einer Kindergruppe verläuft in allen Krippen ähnlich ab und sicher möchten Sie wissen, wie das aussehen kann.

Ich gehe hier bewusst von einem sehr allgemeinen Tagesablauf aus, da ich nicht Besonderheiten wie das Wetter, Feierlichkeiten oder ähnliches nicht einbeziehen kann. Zumal es sicher auch kleinere Abweichungen geben wird, die von Einrichtung, Konzept und Träger abhängig sind. Das würde den Rahmen dieses Buches sprengen.

Doch schauen wir uns einmal an, was Ihr Kind im Laufe des Tages in der Einrichtung erleben wird.

- Von 7.00 Uhr bis 9.00 kommen die Kinder in der Kita an und werden durch die Erzieherin in Empfang genommen und können spielen.
- Mitunter wird zwischen 8 Uhr und 9 Uhr auch eine Beschäftigung mit Materialien für die Kinder eingeräumt. Das kann Malen, stempeln, kneten oder ähnliches sein.
- Um 9.00 Uhr gibt es einen Morgenkreis bzw. die Begrüßung der Kinder mit

Liedern und kleinen gemeinsamen Spielen (Finger- und Kreisspiele).

- Zwischen 9.15 Uhr und 9.20 Uhr waschen sich die Kinder die Hände.
- Ab 9.20 Uhr findet das Frühstück statt. Die Länge des Frühstücks ist unterschiedlich und abhängig von dem Alter der Kinder. Doch allgemein wird das Frühstück gegen 10 Uhr beendet sein.
- Von 10 Uhr bis 10.30 Uhr ist Wickeln, Töpfchen- und Toilettenzeit angesagt. Wie lange diese Phase dauert, ist von der Gruppengröße und den eingesetzten Erzieherinnen abhängig.
- Von 10.30 Uhr bis 11.30 Uhr findet das sogenannte Freispiel statt. Das umfasst das Spielen im Gruppenraum bei schlechtem Wetter oder im Garten (auch spazieren gehen) bei schönem Wetter.
- Von 11.30 Uhr bis 12.00 Uhr werden die Spielsachen aufgeräumt, die Hände gewaschen und die Kinder bereiten sich auf das Mittagessen vor.
- Einige Kinder werden in diesem Zeitraum bereits abgeholt, da sie nicht in der Einrichtung mit Mittag essen.
- Ab 12 Uhr wird zu Mittag gegessen und ist im Normalfall gegen 12.30 Uhr beendet.

- Zwischen 12.30 Uhr bis 13 Uhr gehen die Kinder aufs Töpfchen, werden gewickelt und die Schlafkinder auf den Mittagsschlaf vorbereitet.
- Um 13 Uhr werden die Schlafkinder zum Mittagsschlaf hingelegt und die Kinder, welche zum Mittag abgeholt werden, den Eltern übergeben.
- Der Mittagsschlaf dauert von 13 Uhr bis 15 Uhr. Kinder, die eher munter sind, werden aus dem Bettchen geholt und umgezogen. Sie bekommen dann Bücher vorgelesen oder können leise spielen.
- Von 15 Uhr an werden die Kinder aufgeweckt, aufs Töpfchen gesetzt (oder frisch gewickelt), dann angezogen.
- Man trifft sich um 15.30 Uhr im Gruppenraum zu einer kleinen Brotzeit, wo Obst und kleine Knabbereien sowie Getränke gereicht werden.
- Ab 15 Uhr bis zum Ende der Öffnungszeit (meistens bis 17 Uhr) können die Kinder auch abgeholt werden.
- In dieser Zeit haben die Kinder die Möglichkeit, individuell mit der Erzieherin zu spielen oder gefördert zu werden.

Ein straffer Tagesablauf strengt Kinder zu sehr an. Darum gehen viele Krippen zum freien Spiel oder auch Freispiel über.

Dabei soll sich das Kind zu bestimmten Zeiten selbst beschäftigen können. Dazu gehört eine freie Auswahl an den Spielmaterialien und vor allem Spielpartnern. Das freie Spiel kann im Gruppenraum, aber auch im Außengelände stattfinden.

Das freie Spiel fördert die Kreativität und Selbständigkeit. Diese Spiele werden zum Teil auch indirekt von der Erzieherin gesteuert oder die Kinder können sich aussuchen, mit was sie spielen wollen.

Manche Kindereinrichtungen haben unter anderem Themenwochen. Dann steht das freie Spiel auch unter diesem Themenbezug.

Das könnte eventuell einen kleinen Aufwand an anderen Anziehsachen für Sie bedeuten oder dass sich die Erzieherinnen an Sie wenden wegen einem kleinen Materialbedarf.

Welche Möglichkeiten habe ich, wenn mein
Antrag auf einen Krippenplatz abgelehnt wurde

Es ist natürlich ärgerlich, wenn Ihr Antrag auf
einen Krippenplatz abgelehnt wurde. Doch Ihnen
stehen noch diese Möglichkeiten zur Verfügung:

> **Tagesmutter** – die Adressen hierfür
finden Sie beim Bürgerbüro, bei der
Gemeinde oder beim Jugendamt

> **Private Kinderkrippe** – die Adresse
erhalten Sie beim Jugendamt oder bei der
Gemeinde

> Eine Art Ausweichmöglichkeit könnte
auch die **Kinderkrippe bei anderen
Trägern oder in einem Nachbarort** sein.

Sie sollten aber Ihren Antrag bei der Kinderkrippe
Ihrer Wahl aufrechthalten. Etwa 10 Prozent der
Eltern, die einen Krippenplatz erhalten,
überlegen es sich anders oder ziehen um.
Jedenfalls verzichten diese Eltern auf den
Krippenplatz und Sie haben die Chance, dass
Ihnen der Krippenplatz im Nachhinein zugesagt
wird.

Wer übernimmt Kosten für die Kinderbetreuung?

Die Kosten für einen Krippenplatz werden jährlich neu gestaffelt nach verschiedenen Einkommenshöhen.

Sie müssen einen Einkommensnachweis in Form von einer Gehaltsbescheinigung durch den Arbeitgeber oder einem Steuerbescheid aus dem Vorjahr dem Träger vorlegen.

Je nachdem in welche Einkommensgruppe Sie gehören und welche Betreuungszeiten Sie benötigen, erhalten Sie einen Bescheid über die monatlichen Betreuungskosten.

Gehören Sie zu den Familien, die über ein geringes oder gar kein Einkommen verfügen, dann können Sie einen Zuschuss oder eine Übernahme der Krippenkosten bei dem Arbeitsamt, der Arbeitsgemeinschaft oder beim Jugendamt beantragen.

Wie das funktioniert, zeigen wir Ihnen in den nächsten Kapiteln.

Jugendamt

Das Jugendamt hat mehrere Aufgaben und Bereiche, unter anderem auch einen Wirtschaftsbereich.

Bei Familien mit keinem oder geringen Einkommen übernimmt das Jugendamt anteilig die Beiträge zur Kinderbetreuung.

Im Normalfall übernimmt das Jugendamt 30 Prozent des Beitrages. Bei einem Betrag bis zu 250 EUR werden 40 Prozent der Kosten übernommen.

Bei einem höheren Kostenbeitrag über 450 EUR kann die Kostenübernahme 50 Prozent betragen. Der Rest muss dann durch Sie in Eigenleistung erbracht werden.

Mitunter ist das aber nicht immer möglich, dann wird durch den Jugendhilfeträger geprüft, ob der Differenzbetrag auch durch das Jugendamt übernommen werden kann.

Dazu muss ein Antrag beim Jugendamt gestellt werden. Die Mitarbeiter helfen Ihnen gern beim Ausfüllen der Formulare. Nachzulesen in § 90 Abs. 3 SGB VIII.

Unter bestimmten Voraussetzungen übernimmt auch das Arbeitsamt die Kosten für die Betreuung in der Kinderkrippe.

Das ist der Fall, wenn Sie zum Beispiel ein Bewerbungsgespräch haben und Ihr Kind für diese Zeit unterbringen müssen. Dann haben Sie Anspruch auf einen Betrag aus dem Vermittlungsbudget.

Für maximal 6 Monate können Sie auch bei einer Arbeitsaufnahme vom Arbeitsamt eine Übernahme des Kostenbeitrages beantragen. Doch Achtung! Diese Übernahme müssen Sie vor Beginn der Arbeitsaufnahme bei ihrem Vermittler beantragen.

Entstehen Ihnen Kosten für die Betreuung Ihres Kindes, weil Sie an einer durch das Arbeitsamt geförderte Maßnahme (Weiterbildung oder Trainingsmaßnahme) teilnehmen, dann haben Sie monatlich einen Anspruch auf 130 EUR aus dem Vermittlungsbudget für die Betreuung je Kind und das unabhängig von der tatsächlichen Höhe.

Für Geringverdiener und Hartz IV Empfänger übernimmt die Arbeitsgemeinschaft die Kosten für die Kinderbetreuung nur unter bestimmten Voraussetzungen. Das betrifft Maßnahmen, die durch die ArGe gefördert werden.

Auch hier gilt, die Beantragung muss vor Beginn der Maßnahme erfolgen.

Tipp: Kinderbetreuungskosten sind gleichzeitig Werbungskosten und somit voll anrechenbar auf das Einkommen. Das heißt, indirekt kommt das Jobcenter für die Betreuungskosten auf, eben nur über einen kleinen rechtlich korrekten Umweg.

Steuerliche Hinweise

Die wenigsten Eltern wissen, dass die Kosten für die Betreuung Ihres Kindes zu zwei Drittel **steuerlich absetzbar** sind.

Seit 2012 können Eltern die Betreuungskosten pro Kind bis zu einer Höhe von 4.000 EUR als Sonderausgaben absetzen.

Dabei ist es egal, in welcher Einrichtung bzw. bei welcher Betreuungsart die Kosten entstanden sind.

Bis zum 31. 12. 2011 war es notwendig, dass Eltern einiges für die Absetzbarkeit von Betreuungskosten nachzuweisen haben. Also entfallen die bisherigen Voraussetzungen wie Erwerbstätigkeit oder Krankheit, Behinderung bzw. Ausbildung eines Elternteils nach dem 1. Januar 2012.

Damit das Finanzamt Ihnen die Kosten steuerlich auch anerkennt, heben Sie sich bitte die Rechnung und den Kontozahlungsbeleg auf. Diese beiden Belege gelten als Ihr Nachweis für die tatsächlich entstandenen Betreuungskosten.

Aktuelle Urteile rund um die Kinderkrippe

Die Rechtsprechung in Bezug auf Krippenplätze ist relativ neu. Deshalb findet man auch sehr wenige aktuelle Urteile, die mit der Situation von Krippenkindern zu tun haben.

Wir haben uns die Mühe gemacht und in diversen Webseiten nach entsprechenden Urteilen gesucht. Wir haben auch einige Verfahren gefunden, die für Sie von Interesse sein könnten.

Warum wir diese Kapitel eingefügt haben, fragen Sie sich?

Oft genügt ein Hinweis auf ein bereits gefälltes Urteil und ein langes, neues Verfahren kann vermieden werden. Damit sparen Sie Kosten und vor allem Zeit.

Die Übernahme der Kinderbetreuungskosten einer privaten Kinderkrippe durch die Stadt, wenn die Stadt die Betreuung durch andere Träger nicht sicherstellen kann und sich zu einem kostenfreien Betreuungsangebot verpflichtet hat (Kindertagesstättengesetz des jeweiligen Bundeslandes).

In dem vorliegenden Fall wurde die Stadt dazu verurteilt, die Betreuungskosten einer privaten Kita zu übernehmen, da die Stadt keinen kostenfreien Krippenplatz zur Verfügung stellen konnte. Dazu hatte sich die Stadt aber verpflichtet.

Hierzu siehe das Urteil des **OVGs Rheinland-Pfalz, 7 A 10671/12.OVG**.

Dieses Urteil dürfte für die Zukunft interessant sein, wenn das Recht für die U3 Kinder im August in Kraft tritt.

Aktuell und neu kommt das Urteil zur Zumutbarkeit von Wegstrecken für Kinder unter drei Jahre.

Bisher wurde allgemein die Zeit von 30 min zu Fuß oder als Fahrstrecke für den Weg zur Kita als zumutbar festgelegt.

Nun wurde in einem Verfahren gegen die Stadt Köln als „Wohnortnähe" einer Kita ein Umkreis von maximal 5 km bestimmt.

Das heißt, laut diesem Urteil haben Eltern einen Anspruch für Kinder zwischen 1 und 3 Jahren auf einen wohnrotnahen Krippenplatz.

Nachzulesen im Urteil des **VG Köln, Az. 19 L 877/13**

Ablehnung der Kindertagespflege als Ersatz für die Kita

Zusammen mit dem vorigen Urteil entschied das Verwaltungsgericht in Köln auch, dass Kinder, deren Eltern sich ausdrücklich für eine Betreuung in einer Kindertageseinrichtung wie eine Kinderkrippe entschieden haben, von der Stadt nicht auf ein Angebot in der Kindertagespflege verwiesen werden können.

In dem vorliegenden Fall bekamen die Eltern ein Angebot der Stadt, auf eine Tagesmutter auszuweichen. Das wiederum wollten die Eltern nicht. Sie bestanden darauf, dass ihre Kinder in eine Kinderkrippe kommen sollten.

Das Gericht gab den Eltern Recht. Das Urteil ist im Einzelnen unter **VG Köln, Az. 19 L 877/13** nachzulesen.

Die Stadt Köln betonte, dass es sich um Einzelfallentscheidungen handele. Da aber hier ein rechtskräftiges Urteil ergangen ist, dürfte es in zukünftigen Rechtsprechung in Bezug auf Kinderkrippen eine gewichtige Rolle spielen.

Ohne Begründung keinen Anspruch auf einen Kita-Platz der Stadt

Das Verwaltungsgericht Stuttgart hat im Beschluss vom 22.08.2013, Aktenzeichen **7 K 2688/13** festgelegt, dass **ohne ausreichende Begründung** ein Kind keinen Anspruch auf einen städtischen Kita-Platz hat mit einer Betreuungsdauer von 8 Stunden.

Die Eltern hatten in einem Eilverfahren auf einen städtischen Kita-Platz geklagt. Da die Stadt keinen freien Platz mehr hatte, verwies sie die Eltern auf eine private Betreuung. Das wollten die Eltern nicht.

Sie gingen in Widerspruch und begründeten weder ihren Antrag noch den Widerspruch. Da jeder Kita-Antrag individuell beurteilt soll und in diesem Fall dieses Beurteilungsmöglichkeit fehlte, entschied das Verwaltungsgericht zu Gunsten der Stadt.

Es ist also **zwingend notwendig, dass mindestens ein Grund angegeben wird**, weshalb eine städtische Unterbringung erforderlich ist. Das können finanzielle Aspekte sein, aber auch die Nähe zum Wohnort.

Das Urteil hatte aber weitreichende Folgen, wie im nächsten Abschnitt zu sehen ist.

In dem gleichen Beschluss (7 K 2688/13 des Verwaltungsgerichts Stuttgart) ging es auch um die erwünschte Betreuungsdauer von 8 Stunden.

Da aber die Grundbedarfsbetreuung bei 4 Stunden liegt, ist eine Begründung notwendig, um eine Betreuung von 8 Stunden zu prüfen und umsetzen zu können.

Das haben die Eltern im vorliegenden Fall nicht ausreichend getan. Was sie wahrscheinlich nicht wussten:

Die Grundbedarfsbetreuung bedarf keiner Begründung.

Eine Erweiterung des Grundbedarfs muss aber begründet werden, um bei mehreren Bewerbern auf einen Kita-Platz eine faire Wahl zu treffen.

Dabei reichen rein persönliche Gründe als Begründung aber nicht aus, befand das Gericht. Auch war **keine Dringlichkeit des Bedarfs nachweisbar** gewesen. Darum lehnte das Verwaltungsgericht Stuttgart die Klage der Eltern ab.

Das Urteil **S 20 AS 1118/13 ER** hat nur indirekt etwas mit Kinderbetreuung von Krippenkindern zu tun, aber dürfte für Studenten interessant sein.

Studenteninnen, die ihr Kind nach dem 1. Geburtstag lieber zu Hause betreuen möchten, haben ein Recht auf Hartz IV.

Im vorliegenden Fall hat das Jobcenter einer Studentin Arbeitslosengeld II verweigert mit der Begründung, ein Kind müsse ab dem 1. Geburtstag die Kinderkrippe besuchen, damit die Studentin ihr Studium wieder aufnehmen könnte.

Das aber hielt das Sozialgericht in Dresden für verfassungswidrig.

Voraussetzung für die Gewährung von Hartz IV in diesem Fall ist, dass die Freisemester wegen Kinderbetreuung in der Hochschule eingereicht und bewilligt wurden.

Hurra, endlich haben Juristen etwas herausgefunden, was Pädagogen seit etlichen Jahren wissen. Die Kinderkrippe schadet nicht dem Kindeswohl.

Das Urteil dazu, was nur indirekt mit der Kinderkrippe zu tun, aber bei einigen Sorgerechtstreitigkeiten eine Rolle spielen kann, finden Sie unter dem Zeichen **Oberlandesgericht Brandenburg 10 UF 204/08**.

In dem Verfahren ging es um das alleinige Aufenthaltsbestimmungsrecht einer Mutter, die arbeiten ging und ihr Kind zeitweise in einer Kinderkrippe betreuen ließ.

Der Vater, ein von zu Hause arbeitender Freiberufler, klagte gegen die Mutter. Bei ihm müsse das Kind nicht die Krippe besuchen, sondern könnte zu Hause betreut werden.

Das Gericht sah das anders. Der Mutter sei das Aufenthaltsbestimmungsrecht keinesfalls abzuerkennen, weil das Kind in die Krippe geht.

Die Richter befanden, dass der Aufenthalt in einer Kinderkrippe nicht dem Kindeswohl schade.

Inhalt